MESSI

DIE ERSTAUNLICHE GESCHICHTE EINER FUßBALLLEGENDE

Für die Liebe zum Fußball und das Streben nach Großartigkeit...

Dies ist die Geschichte eines kleinen Jungen, der den Fußball so sehr liebte, dass er zu einem der besten Fußballspieler aller Zeiten wurde. Sein Name ist...

Lionel Messi!

GOO GOO
GA GA!

Messis Freunde nennen ihn Leo.
Er war ein energiegeladener
Junge und wuchs in Rosario in
Argentinien auf.

ICH LIEBE FUßBALL

Leo war aufgrund eines medizinischen Problems viel kleiner als die anderen Kinder in seinem Alter.

Er musste eine Behandlung machen, um größer zu werden.

ICH SCHAFFE DAS!

Trotz seiner Körpergröße war Leo ein hervorragender Fussballspieler! Er war schnell, sein Dribbling war beeindruckend und er schoss Tore mit Leichtigkeit.

Es war eine Freude, ihm zuzusehen, denn seine Begeisterung für den Fußball war ansteckend.

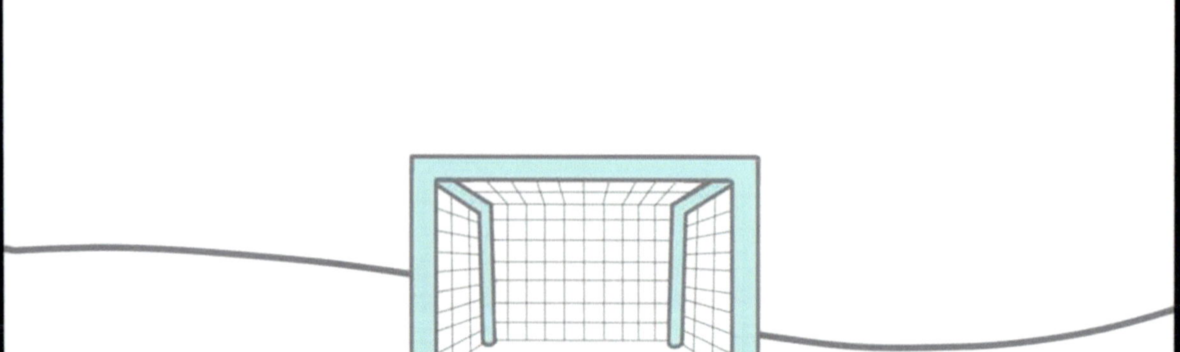

ICH LIEBE DIESES SPIEL

Leos Verwandte besuchten ihn oft, um ihm beim Spielen zuzusehen. Sie ermutigten ihn und unterstützten seine Ziele und Leidenschaften.

Messis Eltern vermittelten ihm die Wichtigkeit von Bescheidenheit, was eine wichtige Eigenschaft für jeden großen Sportler ist.

LOS!!
LOS, LIONEL!

Auch die Nachbarn schauten gerne zu, wenn Leo Fußball spielte. In seiner Heimatstadt wurde er wegen seiner exzellenten Fähigkeiten sehr geschätzt und andere freuten sich darauf, ihn auf dem Spielfeld zu sehen.

Viele sagten, sie hätten noch nie einen so jungen Menschen so gut Fußball spielen sehen.

Die Scouts suchten damals nach neuen Talenten.

Es dauerte nicht lange, bis sie von Leo hörten und ihm einen Platz in einem örtlichen Spitzenverein, den Newell's Old Boys, anboten.

KOMM ZU UNS, LIONEL!

Messi freute sich auf seine neue Mannschaft und darauf, zum ersten Mal ein Trikot zu tragen.

Er war stolz darauf, seine Heimat-stadt zu vertreten und versprach, hart zu arbeiten, um sein Spiel zu verbessern.

ICH WERDE MEIN BESTES GEBEN
NEWELL
10

Lionel trainierte nun täglich mit seinen neuen Teamkollegen.

Er gab sein Bestes, um seine Fähigkeiten zu verbessern. Er wusste, dass Übung den Meister macht.

NEWELL
PASS!
GOAL!
BAM!
TEAMARBEIT IST DAS BESTE
7
NEWELL

Und so begann ein kleiner Junge aus Rosario, seine Träume zu verfolgen und setzte ein Ziel nach dem anderen.

Lionel war während seines Abenteuers, eine Fußballlegende zu werden, immer freundlich und respektvoll, da er wusste, dass dies wichtige Eigenschaften sind.

ICH BIN BEREIT FÜR MEINEN TRAUM
NEWELL
10

Wie viele andere Spieler war Leo schnell, aber er spielte auch sehr clever.

Messi konnte mit seiner Stärke und seinem Intellekt an jedem vorbei dribbeln und wurde schnell zum Star der Mannschaft.

KANNST MICH NICHT FANGEN

Obwohl Lionel vermutlich der beste Spieler im Verein war, wusste er, dass Fußball ein Mannschaftssport ist.

Aus diesem Grund spielte er seinen Mitspielern oft den Ball zu, und gemeinsam schossen sie viele Tore.

LOS, TEAM, LOS!

Messi war auch ein großer Freund für seine Vereinskameraden. Er tröstete sie in schwierigen Momenten und feuerte sie in guten Zeiten an.

WIR SCHAFFEN DAS!

Lionel hat während seiner beeindruckenden Fußballkarriere viele Trophäen und Auszeichnungen gewonnen.

Trotz seines Ruhms hat er nie vergessen, sich bei seiner Familie und seinen Freunden für ihre Liebe und Unterstützung zu bedanken.

DANKE AN ALLE!

Lionel Messi begann als kleiner Junge mit großen Träumen.

Sein Mut, seine harte Arbeit, seine Freundlichkeit, seine Dankbarkeit und sein Training halfen ihm, diese Träume zu verwirklichen und eine Fußballlegende zu werden, über die Generationen sprechen werden.

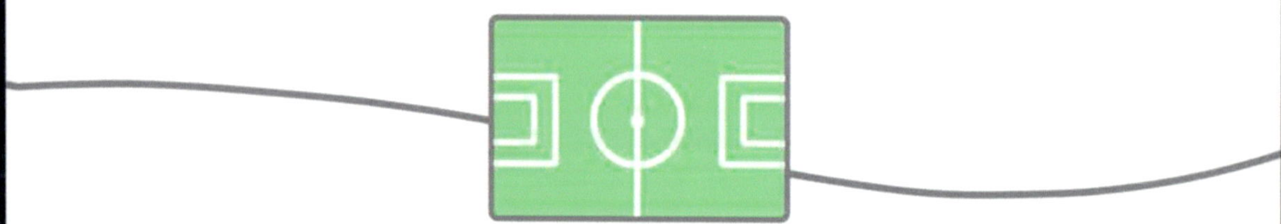

10
10
TRÄUME GROß, SPIELE FAIR!

Messi machte einen weiteren Karrieresprung! Er wechselte zu Inter Miami in die USA.

Zum Erstaunen aller erzielte er in seinem ersten Spiel nach 40 Minuten den Siegtreffer!

WILLKOMMEN IN MIAMI
WILLKOMMEN MESSI 10
40 MINUTEN
JUHU!

Messi verhalf Inter Miami in weniger als einem Monat zum ersten Pokalsieg! Die gegnerischen Mannschaften konnten ihn einfach nicht aufhalten.

Er hat wieder einmal bewiesen, dass er auf jedem Fußballplatz eine große Wirkung hat. Kein Wunder, dass er von seiner neuen Mannschaft und den Fans bewundert wird!

WIR HABEN ES GESCHAFFT, TEAM!
WIR LIEBEN MESSI
MESSI IST DER BESTE!

Lionel Messi hält mit über 400 Toren den Rekord als bester Torschütze der spanischen La Liga!

Er hat außerdem seinen Mitspielern mehr als 357 Mal geholfen, Tore zu erzielen.

Messi gehört zu den Spielern mit den meisten Toren in der Geschichte des Fußballs und hat mehr als 800-mal ein Tor erzielt.

Er hat sieben Goldene Bälle erhalten, eine prestigeträchtige französische Fußballauszeichnung.

10

Danke, dass du meine Geschichte gelesen hast.
Hat dir das Buch gefallen?
Was hat dir daran gefallen?

Bitte schreibe eine Rezension auf Amazon!
Ich würde mich freuen, deine Kritik zu lesen...

Printed in France by Amazon
Brétigny-sur-Orge, FR

19460110R00025